LE SOCIALISME

ET

LE PEUPLE DES CAMPAGNES

PAR

PAUL DROUILHET DE SIGALAS,

Auteur de : *La Propriété et le Socialisme.*

Tu ne désireras point la maison de ton prochain... ni son champ, ni son bœuf, ni son âne, ni aucune des choses qui lui appartiennent.
(*Exode,* XX, 17. *Deutéronome,* V, 21.)

L'homme qui désire s'enrichir, et qui porte envie aux autres, ne sait pas que la misère descendra sur lui.
(*Proverbes,* XXVIII, 22.)

PARIS,	BORDEAUX,
VATON, LIBRAIRE,	CHAUMAS-GAYET, LIBRAIRE,
Rue du Bac, 46.	Chapeau-Rouge, 34.

1849

Contribuer à la propagation de ce petit livre, c'est, non-seulement entrer dans la pensée et les désirs de l'auteur, mais peut-être aussi faire une œuvre sociale. Comme il importe de faire dans les campagnes des distributions gratuites de publications morales, afin de combattre par la propagande du bien la propagande du mal, nous prions les personnes qui voudraient concourir à cette œuvre de s'adresser directement, ou à l'auteur, ou aux libraires dépositaires de ce livre.

Bordeaux, impr. J. DUPUY ET Ce, rue Montméjan.

Le triomphe du bien sur le mal sera la conséquence d'une lutte constante, patiente, sans trève ni sommeil, et souvent ardente et terrible.

Pour éviter les longueurs et les violences de cette lutte, pour empêcher l'effusion du sang, il n'y a qu'un seul moyen : c'est de répandre les idées.

Puisqu'une idée fausse est une puissance, une idée vraie, une idée juste est une bien autre puissance. Mais il s'agit de la proclamer, de la crier sur les toits, de la jeter aux quatre vents du ciel.

Dieu abandonne les causes qui s'abandonnent. Il punit les peuples, comme les individus, qui ne tendent pas à leur fin, et qui sortent de la vérité de leur nature. Il y a des

morts collectives, comme des morts indivi-
duelles. Les peuples descendent dans la tombe
comme les familles, comme les races. L'histoire est remplie de ces grandes chutes. A chaque pas sur le chemin des siècles, nous ren-
controns de ces ruines de sociétés éteintes, de
civilisations qui ont passé comme ces étoiles
qui, la nuit, se détachent et se perdent dans
les cieux immenses.

Il n'y a que deux issues à la situation présente : ou le triomphe ou la défaite, ou la
mort ou la vie. — Deux coupes nous sont
présentées; c'est à nous de choisir.

Nous ne devons le cacher à personne : la société est engagée dans une lutte suprême; c'est
sa vie elle-même qui est mise en question et
qui se joue.

Ce n'est pas nous seulement qui sommes menacés, ce n'est pas une classe; c'est la France,
c'est la patrie que nous aimons, c'est ce pays
que nos pères nous ont transmis grand et libre, et que nous devons transmettre à nos en-

fans grand et libre. La génération qui arrive aura le droit de nous demander à tous ce que nous avons fait de la France ! ce que nous avons fait pour la défendre, lorsque nous avions pour nous ces deux grandes puissances, la vérité et le droit !...

Déjà la civilisation a fait de grands pas en arrière. Les instincts de haine, de vengeance et de sang se sont développés avec une énergie désespérée. Si nous descendons encore quelques degrés, nous tombons dans l'état de pure nature, sous la domination des passions brutales, où chacun sera obligé de lutter à toute heure pour défendre sa vie, son droit, sa place au soleil, sa part d'air, son pain de chaque jour.

A qui la faute?... A nous tous qui avons laissé le niveau moral du peuple s'abaisser.

Une grande expiation était nécessaire. A l'heure qu'il est, Dieu nous secoue, Dieu nous agite pour faire jaillir le bien et jeter le mal de côté. Mais si nous n'aidons à l'action de la

Providence, qui est essentiellement conserva-
trice, Dieu brisera la France comme un vase
empoisonné. Il prononcera sur nous, cette
inexorable malédiction tombée sur le front du
premier qui viola la loi de vie : *Morte mo-
rieris.*

Mais, non ! cet avenir ne sera pas le tien, ô
mon pays !...

Le peuple est, malgré tout, toujours avide
de vérité. On a beau soulever ses passions,
violenter sa nature, l'enivrer de poison, l'on
ne détruira jamais complètement ce sentiment,
impérissable en lui, du bien, du vrai, du juste,
cet instinct moral qui est comme un dernier
vestige de la tradition divine. Il s'agit donc de
réveiller les nobles élans de son âme, de frapper ce dur silex pour en faire jaillir la lumière.

Puisque le peuple est appelé, par le suffrage
universel, à une grande part dans les choses
publiques, il ne faut pas craindre de l'initier
aux questions vitales, aux dogmes sur lesquels
repose la société. Il n'est pas de vérité trop

haute pour lui. Ce qu'il ne comprend pas par défaut de culture, il le comprend par le sens intime, par l'instinct de l'âme. Ce qui ne pénètre pas en lui par la tête, par l'intelligence, entre par le cœur, par le sentiment. Il faut, non pas abaisser la vérité, mais élever le peuple à la hauteur de la vérité et du langage de la vérité ; car la vérité ne doit jamais s'avilir par la trivialité de la forme. Quelle langue que vous parliez au peuple, il la comprendra, pourvu qu'elle soit l'expression sincère du bien, du vrai et du beau.

Il doit donc savoir toute la grandeur du droit qu'il exerce, toute la gravité du devoir qu'il accomplit lorsqu'il est appelé devant l'urne électorale. Il dispose alors de ses destinées. S'il veut les jouer, s'il se déserte lui-même, s'il abandonne les chemins qui mènent à l'avenir, qu'il n'ait pas, du moins, le prétexte de l'ignorance ; qu'il décide lui-même de son sort avec la plénitude de la raison, avec la conscience entière de ses actes.

Dans la confusion des notions du bien et du mal, du vrai et du faux, du juste et de l'injuste, du droit et du devoir, l'unique tâche des hommes voués de cœur à leur pays est d'éclairer la situation et de montrer la véritable route à ceux qui s'égarent. — Beaucoup se trompent qui ne le savent pas. — Dans cette nuit, il est du devoir de tous d'apporter sa lumière, quelque faible qu'elle soit. Le jour jaillira peut-être de toutes ces lueurs éparses. Le foyer vers lequel elles doivent converger et se concentrer, c'est le peuple.

Le mal est au cœur; c'est donc au cœur qu'il faut se hâter de porter le remède.

C'est dans cette pensée que nous publions ces pages, simples enseignemens d'un vieillard aux jeunes hommes d'un village. Elles s'adressent plus particulièrement au travailleur des campagnes, lui qui supporte tout le poids du jour et toute l'inconstance du ciel, à cet ouvrier des champs qui, vivant plus près de la nature, vit plus près de la vérité, et à qui il ne faut pas refuser l'alimentation de l'âme.

Oui, peuple des campagnes, classe laborieuse et patiente, vouée au rude travail de la terre, vous qui représentez, aujourd'hui, l'élément de la durée, de la stabilité, de l'ordre et de la paix, par le suffrage universel vous êtes appelés à de grandes destinées.

C'est en vous surtout que je vois les vrais défenseurs du sol, les vrais défenseurs du droit de propriété.

A qui appartient en réalité la terre de France? Entre les mains de qui est la propriété? — Entre vos mains, peuple des campagnes. Vous êtes vingt-cinq millions qui avez planté votre aiguillon dans le sol, en disant : Il est à moi !

La propriété, qui appelle-t-elle ? à qui tend-elle la main ? — A vous, peuple des campagnes. Chaque jour vous vous élancez dans ses bras.

La grande propriété qui disparaît, qui se divise, qui se morcelle, à qui va-t-elle ? — A vous, peuple des campagnes.

Qui profite de son morcellement, qui la dépèce, qui la découpe à l'infini ? — Vous, peuple des campagnes.

Par la propriété, par la libre accession à la propriété, votre sort tous les jours s'améliore. Qui donc a le plus grand intérêt à l'ordre, au crédit, à la confiance, au respect des droits et à la paix dans la société, si ce n'est vous, peuple des campagnes ?

Si la propriété périt, qui périra avec elle ? C'est vous encore, c'est certainement vous, peuple des campagnes.

Quelle est cette passion qui vous poursuit sans cesse en tous lieux, à toute heure ? quelle est cette pensée qui marche toujours à vos côtés pendant votre travail, et qui s'assied la nuit à votre chevet ? N'est-ce pas la pensée, la passion de la propriété ?... car vous êtes les véritables amans de la propriété.

Le sentiment de la propriété, le sentiment religieux et le sentiment de la famille, vivent toujours en vous avec une grande puissance. Vous avez plus de raison, plus d'intérêt que personne à défendre la pierre de l'autel, la pierre du champ, la pierre du foyer.

C'est donc à vous que ces pages s'adressent. Nous ne voulons pas exciter vos passions ; nous repoussons toute pensée de provocation et de violence ; mais nous croyons devoir vous dire la vérité pleine et entière.

Car nous avons toujours eu une sorte d'amour privilégié pour l'homme de la glèbe, pour l'habitant des campagnes. Il nous semble que le laboureur, lorsqu'il ouvre la terre et dépose dans son sein, avec la semence, une partie de son être, de sa force, de sa vie, fait autant, je dirai même plus, pour la société humaine, que le philosophe qui remue des idées. C'est pour cela que l'agriculture a été chez plusieurs peuples un art sacré, un art digne de la plus haute vénération des hommes, l'art par excellence.... Aujourd'hui nous ne saurions trop proclamer la réhabilitation de cet art générateur, et appeler l'attention de l'État sur l'amélioration du sort de ces classes laborieuses et sages par nature, vouées dès l'enfance au pénible labeur de la terre.

Ce que nous voulons par dessus tout, c'est que la vérité religieuse, c'est que la vérité sociale ne s'obscurcissent pas pour vous, peuple fils du sillon, monde fort et calme, qui contenez en vous le germe précieux de la société nouvelle.

LE SOCIALISME

ET

LE PEUPLE DES CAMPAGNES.

A l'extrémité du village, suspendue au revers du coteau, s'élevait une petite maison blanche, dont l'apparence humble, simple, mais quelque peu recherchée, laissait pressentir une honnête aisance et le bien-être intérieur.

Celui qui l'habitait était un respectable vieillard, ancien militaire, qui, ne pouvant plus servir son pays de son bras, s'était retiré dans ce village, où il était né, où il avait grandi, dans ce village qui l'avait vu, petit conscrit, partir en chantant, plein de l'enthousiasme de la guerre, et l'avait aussi vu revenir un soir, blanchi par la poussière du chemin, marchant difficilement à cause de ses blessures, mais ayant sur la poitrine le signe de l'honneur et du courage.

Enfant de ce village, fils de laboureur, dans la position meilleure qu'il s'était créée par ses services, son travail et de sages économies, il n'avait pas oublié ce que ses pères avaient été et ce que lui aussi avait été.

Il se rappelait toujours que son père avait labouré la terre, et que lui, jeune encore, avait aussi guidé la charrue de cette même main qui avait ensuite manié le fusil.

Mais, par le contact des hommes et des choses, par de sérieuses lectures, il avait acquis l'expérience de la vie, une grande hauteur de raison et une rare sagesse de jugement.

Il aimait sincèrement, il aimait de cœur et d'instinct, ce peuple paisible des campagnes au milieu desquels il vivait depuis longues années. Ces hommes l'aimaient aussi ; car il était leur conseil, leur guide, leur soutien, leur père, leur véritable providence.

Souvent, après les travaux du jour, il les assemblait le soir sous la treille qui abritait sa porte ; et là, assis sur un humble banc de pierre, il leur apprenait ce qui se passait au-delà de leur horizon, dans ce monde de la politique, inconnu d'eux tous, et dont les bruits seuls arrivaient parfois jusqu'à eux.

Il leur expliquait le sens des évènemens, leur portée, leur valeur réelle, et s'efforçait surtout de les mettre en garde contre ces doctrines perverses qui menacent la société dans ses bases, et dont la réalisation sera la ruine de tous, de celui qui possède comme de celui qui ne possède pas, du peuple des villes comme du peuple des campagnes.

Ces hommes avaient foi dans sa parole, et

chaque parole qui tombait de ses lèvres était recueillie par eux comme une révélation du ciel.

Ce soir-là, ils étaient assis comme de coutume, ces braves enfans du sillon, au seuil de cette petite demeure, sur ce banc de pierre, sous cette humble treille, dont les feuilles commençaient à prendre les pâles teintes de l'automne.

De temps à autre, un léger souffle, passant dans les feuilles jaunies de la vigne, en détachait quelques-unes, qui tombaient en silence et en tournoyant au milieu de ce groupe calme et serein comme tout ce qui est pur, mais triste comme tout ce qui est dans l'attente.

Le soleil venait de descendre derrière les collines boisées, dont la ligne noire et fortement accusée arrêtait le regard, et avec le regard du corps, le regard de l'âme, ses élancemens vers l'infini.

Les lueurs du couchant rayonnaient sur ce tableau, dont la beauté grave et primitive était digne du pinceau du Poussin, et venaient éclairer, au milieu de toutes ces mâles et brunes figures, la tête blanche et austère du vieillard.

Le profil de cet homme avait quelque chose de grand, de sévère et de singulièrement imposant ; on eût dit un de ces vieux rois pasteurs, un de ces antiques patriarches de l'Idumée, assis le soir au milieu de sa famille, sur le seuil de sa tente...

Ils étaient là, en face du couchant sublime, au-dessus de la vallée, dont les derniers bruits, les dernières palpitations montaient jusqu'à eux, interrogeant d'un regard inquiet et avide chaque pli du front du noble vieillard.

Ce groupe rappelait les entretiens des vieux sages de la Grèce, les enseignemens des philosophes antiques, sous les platanes, sous les lauriers roses, sur les gazons épais, auprès des sources vives, sous des cieux limpides. C'était comme un nouveau Sunium.

Voilà donc les paroles graves, les enseignemens paternels de ce vieillard que nous allons essayer de transcrire. Ce qu'il disait là
à quelques hommes peut être entendu de plusieurs. Les sages conseils qu'il leur donnait s'a-
dressent aussi à tous leurs frères des campagnes. Ils peuvent écouter la voix amie de cet
enfant du village, vieilli dans la guerre et dans
les champs, et qui avait supporté, lui aussi,
toutes les douleurs de la vie, toutes les fatigues du travail, toutes les rigueurs de la pri-
vation et de la misère. Sur ses derniers jours,
s'il se reposait, c'est qu'il avait longtemps
travaillé et longtemps souffert. — Le travail
et la douleur, voilà les conditions de tout progrès et de toute amélioration dans la vie. Le
travail et la douleur élèvent l'homme et le pu-
rifient...

Vous tous, travailleurs de la terre, écoutez
donc les enseignemens de cet homme, vété-
ran du travail et de la douleur, de cet homme
qui a vécu comme vous dans la solitude des

campagnes, là où l'on sent de plus près la vie intime de Dieu, ce souffle fécond de sa poitrine qui, aux premiers jours, éveilla la terre à la vie.

Il leur dit :

« Vous me demandez souvent pourquoi je suis devenu triste ?... pourquoi de nouvelles rides ont plissé mon front ? — J'espérais que mes derniers jours seraient calmes et sereins comme cette tiède soirée ; mais Dieu, qui semble m'avoir oublié dans la vie, n'a pas voulu qu'il en fût ainsi. Là où j'attendais des douceurs, je n'ai trouvé que des amertumes.

» Mais, si je suis triste, ce n'est pas à cause de moi ; c'est à cause de vous, c'est à cause de mon pays : car, moi, je ne suis plus qu'une ruine qui tombe.

» Mes amis, bientôt je prendrai le chemin qu'ont suivi nos pères, ce chemin par lequel nous devons tous passer à des jours différens et à des heures inconnues.

» Ce n'est pas toujours sur ceux qui s'en vont que l'on doit pleurer, mais sur ceux qui restent. Les luttes de la vie sont souvent plus pénibles que la mort.

» Ce n'est donc pas la pensée de quitter ce monde qui m'attriste ainsi ; mais il est douloureux de mourir en doutant, en désespérant presque de l'avenir.

» Vous devez comprendre pourquoi mon âme est triste, profondément triste !...

» J'ai passé par de rudes épreuves ! j'ai traversé de sinistres époques ! j'ai vécu dans ces temps lamentables de désordre, d'épouvante et de deuil ! j'ai vu l'instrument de l'égalité, l'infâme guillotine, faisant tomber sur les pavés sanglans les têtes les plus illustres par le talent et par la naissance ! j'ai vu ce roi, martyr de sa bonté, monter les degrés de la fatale machine ! j'ai entendu ce long et sourd roulement de tambours qui étouffa sa voix et couvrit ses derniers adieux à ce peuple qu'il avait tant aimé ! — La voix des mourans est cependant sacrée ! — J'ai vu la terreur dans les villes, la terreur dans les campagnes ! la douleur, la désolation, la misère partout !... Les femmes n'avaient pas assez de larmes pour pleurer leurs époux, leurs enfans, leurs frères ! J'ai vu les femmes se cacher pour pleurer !... Au nom de la liberté on leur avait enlevé jusqu'au droit de la douleur, jusqu'au droit des larmes !...

» Ces choses m'en ont appris plus que tous les raisonnemens, plus que tous les livres.

» C'est parce que j'ai traversé ces époques de mort que je ne voudrais pas qu'un jour elles se levassent encore sur la France.

» Et cependant, le sombre génie de la destruction recommence ses attaques. C'est son dernier assaut qu'il livre à la société.

» Moi qui suis sorti du peuple des campagnes, moi enfant de ce village, moi qui ai vécu de votre vie, qui ai souffert de vos douleurs, qui me suis réjoui de vos joies, j'ai quelque raison, ce semble, de vous dire la vérité, de vous parler de vos intérêts, de vos droits, et, pardessus tout, de vos devoirs. Si vous le croyez, écoutez-moi...

» Ce qui jusqu'ici avait été regardé par les peuples comme inviolable, comme revêtu d'un caractère sacré que rien ne pouvait effacer et détruire, ce qui avait été l'objet de leur vénération, le droit de propriété, ce droit sans lequel il n'y a ni société, ni famille, ce droit qui est tout l'homme, aujourd'hui, au dix-neuvième siècle, est voué à la haine, est contesté et nié. — Je vous dois de vous éclairer sur toutes ces folies de notre époque ; car le mal est grand, et c'est vous surtout qu'il atteindra.

» La société périra-t-elle, et vous avec elle, dans cette guerre impie du mal contre le bien ? L'issue de la lutte qu'elle soutient est dans les mains de tous, dans vos mains comme dans celles de tous les hommes de bonne volonté. Si vous voulez périr avec la société, périr engloutis par ce torrent de misère qui va nous entraîner tous à la même mort, c'est de fermer vos oreilles à mes paroles , c'est d'ouvrir votre porte à cet étranger qui veut s'asseoir à votre foyer , qui veut y usurper votre place.

Vous me demanderez quel est cet étranger qui va venir ainsi frapper à vos portes ? — Vous l'avez peut-être déja entendu nommer. Il revêt deux noms et deux formes ; mais ces deux noms et ces deux formes sont une seule et même chose, et ont le même sens. Mes amis, cet ennemi , cet implacable bourreau de la société et de l'homme , c'est le *Socialisme* , c'est le *Communisme.*

» Comme je vous l'ai dit, ces deux mots n'en font qu'un , et viennent se résoudre dans la même signification , qui est la négation de la *Propriété* et de la *Famille.* En d'autres termes , le Socialime et le Communisme , par des moyens divers en apparence , arrivent à cette seule et même conclusion : l'abolition du droit de propriété, c'est-à-dire, la violation d'une des trois lois fondamentales de toute société humaine.

» Puisque ces deux mots ont un même sens, puisque ces deux systèmes tendent au même but, les ennemis de la société ont généralement renoncé au mot de *Communisme,* parce qu'exprimant d'une manière trop évidente et trop claire leur pensée secrète et leurs désirs, il jetait par lui-même l'épouvante dans les campagnes, là où le plus grand nombre possède le sol. Ils ont donc adopté le mot de *Socialisme;* mot en général mal défini, et qui, ne répugnant pas autant par lui-même, se laisse plus facilement accepter par des intelligences peu éclairées, qui ignorent tout ce qu'il contient.

» Ainsi, lorsque je vous dis que le Socialisme est une négation du droit de propriété, et qu'il tend à un système d'expropriation violente, ne croyez pas que j'exagère la signification de ce mot.

C'est un des chefs de cette école, un de ses écrivains les plus distingués qui nous donne lui-même l'explication la plus complète et la plus franche du Socialisme. Il pose ce principe inique : *La Propriété, c'est le vol* [1]..... Vous voyez que je n'invente rien.

» D'après ce système, vous tous qui possédez, que votre propriété soit grande ou petite, vous êtes assimilés à des voleurs. Vous avez un champ, vous avez une maison, vous avez un enclos, un jardin, un sillon, vous êtes des voleurs ! Vous qui n'avez que votre lit, vous êtes un voleur ! Vous qui n'avez que l'instrument qui vous sert pour votre travail de chaque jour, vous êtes un voleur ! car cet instrument est votre propriété ; c'est un capital !... Mais cette propriété, cette maison, ce champ, ce sillon, comment avez-vous acquis ces choses ? Sans doute à la sueur de votre front, par de pénibles économies sur le fruit de pénibles labeurs, ou par transmission, par héritage ; en un mot, vous possédez, et la raison, l'origine, la cause

______

[1] Proudhon.

de votre propriété, c'est votre travail ou celui de vos pères. Ainsi, blasphème pour blasphème, celui qui a osé dire : *La propriété, c'est le vol*, aurait dû ajouter, pour être dans la logique : *Le travail, c'est le vol* : car, qu'est-ce que la propriété, sinon la conséquence du travail?....

» Sachez donc que le Socialisme est la destruction de la société moderne telle que le christianisme l'a faite, et que les moyens qu'il propose pour atteindre ce but, *le droit au travail*, *l'organisation du travail*, *le partage des terres, la communauté*, tendent tous à violer le droit de propriété, et par conséquent entraînent la suppression de la liberté de l'individu, la dissolution de la famille.

» Malgré les dénégations de ses adeptes, le Socialisme aboutit donc nécessairement à la dégradation la plus révoltante, la plus monstrueuse de l'humanité. En un mot, c'est un attentat contre la liberté et contre la dignité de l'homme.

» J'espère vous le prouver facilement.

» Puisque je vous ai parlé du *droit au travail*, de *l'organisation du travail*, *du partage des terres*, il est bon que vous sachiez ce que c'est, et il est de mon devoir de vous indiquer les dangers que ces propositions contiennent.

» L'Assemblée Nationale a reconnu avec sagesse que le *droit au travail* n'était pas un droit, mais un appel à l'insurrection, un moyen de légitimer le désordre et la révolte. Elle a donc fait justice de ce prétendu droit. Mais les socialistes ne se tiennent pas pour battus, et ils espèrent encore l'imposer à la société et faire passer par là tout leur système. — *Donnez-moi le droit au travail*, disait celui dont nous avons déjà cité les trop célèbres paroles, *et je vous abandonne la propriété*. Ces mots révèlent toute la vérité sur le *droit au travail*. M. Proudhon savait bien que si l'Assemblée nationale avait proclamé ce droit, elle prononçait en même temps la condamnation, la déchéance du droit de propriété.

» Car, qu'est-ce que le *droit au travail*? C'est

un droit au nom duquel chaque travailleur, chaque individu qui sera sans ouvrage, ou qui se dira sans ouvrage, pourra forcer l'État de lui en fournir.

» Il n'y a pas d'État qui puisse résister long-temps à toutes les exigences, à tous les désordres, à toutes les violences qu'un pareil droit entraîne avec lui. Je dis plus, je soutiens qu'avec ce droit il n'y a pas de société durable; car ce droit est un appel à la paresse, à l'imprévoyance, à l'inconduite et à l'incapacité; c'est le droit permanent au désordre et à l'insurrection; c'est le droit de violation de toutes les lois de justice.

» Dans une époque malheureuse de crise, ou bien par suite d'une coalition des ouvriers, si le travail venait à être arrêté en France pendant un temps que l'on peut calculer, l'État, sommé par tous ceux qui s'intitulent travailleurs, c'est-à-dire à-peu-près par tout le monde, de leur donner le travail et le salaire de ce travail, l'État serait bientôt à bout de ses ressources. Alors, l'État épuisé aurait recours à la fortune privée, à la propriété privée; il irait de spoliations en spoliations, ne pouvant reculer devant un droit qui le menace et qui s'impose, entraînant tout dans sa ruine, et capital et propriété.

» Ainsi, dans un temps donné, le travail manquant aux bras, l'État ne pouvant satisfaire les exigences, ne pouvant lutter contre ses charges et remplir ses obligations, toute une société viendra avec lui s'engloutir dans un même abîme creusé sous ses pas par un droit inique.

» Le *droit au travail* nous entraîne aux extrêmes; il est en même temps la ruine de l'État, la ruine de l'industrie, la ruine de la propriété, la ruine du pays.

» *L'organisation du travail*, ou le système de *l'association*, sous la direction et le monopole de l'État, nous amène à des résultats également désastreux. C'est une conséquence du *droit au travail* : car si on oblige l'État d'ê-

tre le grand fournisseur du travail, si on lui
impose le devoir de donner du travail à tout
individu qui viendra en réclamer, on ne peut
lui refuser aussi le droit de régler le travail,
le droit de créer un système d'organisation dans
lequel chaque travailleur soit classé selon ses
facultés, selon sa capacité et ses forces. —
Qui veut la fin, veut les moyens. — Si demain vous exigez de moi que je vous fasse vi-
vre, que je vous garantisse le travail, je vous
dirai : Mes amis, c'est très-bien, mais ne soyez
pas étonnés que je prenne mes mesures pour
ne pas être pris au dépourvu et me trouver
toujours dans la possibilité de remplir ce devoir. Je vais donc d'abord vous enlever la liberté du travail ; je vais m'emparer de tous les
capitaux, de toutes les industries ; s'il le faut,
je prendrai aussi les propriétés foncières ; j'au-
rai le monopole de tout. De cette manière seulement je pourrai remplir mes engagemens
et tenir tête à vos caprices et à vos exigences. En vous arrogeant ce droit et en m'im-

posant un devoir, vous me donnez nécessairement un droit, celui d'aliéner votre liberté.

» Ainsi, le *droit au travail* donne à l'État
le droit d'organisation et de direction du travail. L'État devient alors chef d'atelier, chef
d'industrie, et on est de toute nécessité obligé
de lui céder la faculté de disposer librement
des hommes, et de les classer arbitrairement
suivant leurs moyens de production, leurs facultés et leurs forces. Nous sommes donc en
plein Communisme.

» Que deviendra votre liberté dans cette organisation puissante qui devra s'étendre à tout,
et à tous les degrés, pour être efficace? Votre
liberté, cette propriété la plus sacrée, dispa-
raîtra bientôt, et vous ne serez alors que des
instumens, que des machines à travail.

» Il va sans dire que cette organisation, en
absorbant la liberté de l'individu, absorbera
aussi le droit de propriété individuelle. Tout
venant de l'État, tout retournera à l'État.
L'homme n'étant plus libre, il ne pourra ar-

river à la propriété. Car, on ne le sait pas assez, la propriété est un écoulement de la liberté, elle est fille de la liberté ; c'est l'expression vivante et permanente de la domination de la matière par la liberté de l'homme. La propriété n'existe pas là où n'existe pas la liberté. Toute violation de la liberté amène une violation de la propriété.

» Je ne sais si vous saisissez bien toute la gravité de mes paroles. Je suis obligé de vous parler une langue qui ne vous est pas familière. Mais, sachez-le bien, la propriété dérivant de la liberté, étant le produit de l'exercice de la liberté de l'individu, toute atteinte à la liberté est une atteinte à la propriété.

» Ainsi, le Socialisme, par le *droit au travail*, tend à la ruine de l'État et de la propriété ; et par *l'organisation du travail*, il donne à l'État une puissance exagérée, arbitraire, qui absorberait bientôt la liberté de l'homme, la propriété, et avec elles la famille, cette sainte institution de Dieu.

» Dans les deux cas, le Socialisme arrive à la désorganisation la plus complète de la société. En effet, d'un côté, vous ne pouvez pas raisonnablement exiger que l'État vous donne ce qu'il n'a pas, ce qu'il ne peut avoir sans se détruire et sans violer tous les droits acquis ; et, de l'autre, vous ne pouvez pas non plus exiger de lui qu'il se fasse marchand, qu'il vende les produits dont il serait bientôt encombré ; car enfin, s'il est fabricant, il faut bien qu'il soit marchand. Voilà l'État descendu à un singulier rôle.

» Nous passons rapidement sur ces deux moyens du Socialisme, parce que la raison, le bon sens, et surtout quelques essais d'application pratique, en ont déjà fait justice.

» Pour réduire cette discussion à des termes plus simples, et que vous saisirez facilement, je vous ferai cette comparaison : Par le *droit au travail*, l'État devient semblable à un père de famillle qui, dépouillé et ruiné par les exigences de ses enfans, qui ne reconnaissent pas son autorité, n'est plus le maître, et est ignominieusement jeté hors de sa maison par les siens. — Par *l'organisation du travail,* l'État est comme le chef redoutable et absolu de la famille dans les anciennes sociétés païennes ; il est tout, il embrasse tout, il absorbe tout, travail, propriété, famille ; il règne en maître, non sur des enfans, non sur des citoyens, non sur des homme libres, mais sur des esclaves. C'est l'esclavage organisé sur sa plus large base, la servitude de tous.

» Donc, ces deux formes que le Socialisme veut imposer à la société, au lieu de l'amé-liorer, au lieu de détruire et de soulager les souffrances et les misères qui découlent de la nature même de l'homme, ne sont en réalité que des attentats contre la liberté, contre la propriété, contre la famille, contre la société entière.

» Le *droit au travail, l'organisation du tra-vail,* et tant d'autres inventions de ce génie né-faste, ne sont que des moyens détournés d'ar-

river au but véritable, qui est la désorganisation et la ruine de tous au profit de quelques-
uns.

» Mais il est des Socialistes qui vont droit
à leur but sans prendre les chemins de tra-
verse ; ceux-là proclament hardiment la déchéance du droit de propriété et demandent une
expropriation générale.

» Comme vous le voyez, le moyen est éner-
gique. Pour l'appliquer, ils s'y prennent de deux
manières : les uns veulent le partage égal des
biens entre les individus ; les autres, la confiscation générale de la propriété au profit de l'É-
tat, sa concentration dans les mains de l'État.

» Voilà deux exagérations opposées ; l'une
veut rendre tout le monde propriétaire, l'autre veut qu'il n'y ait qu'un seul propriétaire, et
que ce propriétaire soit l'État. La réalisation
de ces deux systèmes d'application Communiste
se fonde des deux côtés sur l'abolition du droit
de propriété, sur l'expropriation générale.

» Il ne faut pas réfléchir longtemps pour

comprendre le vice de ces systèmes, et être convaincu de leur impossibilité pratique.

» Vous voulez le partage égal des terres, je le veux moi aussi avec vous. En effet, c'est une pensée admirable ! Nous serons tous égaux en biens ; mon voisin ne possèdera ni plus que moi, ni moins que moi ; je n'envierai le sort de personne, mon sort ne sera pas envié ; voilà la jalousie et la haine bannies de la société et remplacées par le bonheur, la concorde, l'union, l'harmonie. En vérité, c'est le ciel descendu sur la terre!... Mais ne nous enthousiasmons pas aussi vite. Cet état pourra-t-il durer? Cette paix sera-t-elle permanente? Cette égalité existera-t-elle même un jour entier?... Il nous est bien permis de nous poser ces questions, et de tâcher de les éclaircir.

» D'abord, pour constituer ce nouvel état de choses, vous commencez par détruire et anéantir le droit de propriété. C'est déjà une grande injustice, mais ce n'est pas tout ; vous décrétez l'abolition du droit de propriété pour le rétablir après. Voilà une inconséquence. Cette propriété que j'ai acquise avec mes épargnes, vous me la prenez, vous me la volez, pour en donner une partie à d'autres qui n'ont rien fait pour l'acquérir et la mériter. Vous violez le droit à ceux-ci pour le donner à ceux-là. Mais en vertu de quel pouvoir discrétionnaire faites-vous ces choses? Qui vous a délégué cette puissance qui est au-dessus du droit, qui le défait et le refait ainsi selon votre bon plaisir?.... Je vous défie de répondre!

» Mais l'impossibilité de l'application et de la durée de votre régime égalitaire vous arrêtera bien mieux que des raisonnemens.

» Pour fonder un pareil système, il faudrait avoir recours à la violence; il faudrait commencer par là, c'est-à-dire par la guerre civile. Car, soyez bien persuadés que celui qui a plus qu'il ne devrait avoir après le partage, ne se laissera pas dépouiller par celui qui a moins. Il résistera de toute son énergie, de toute sa force, contre une telle spoliation ; il résistera jusqu'à la mort, et il aura raison. Sa résistance sera d'autant plus légitime, d'autant plus désespérée, qu'elle reposera sur un droit aussi sacré, aussi inviolable que la vie même de l'homme.

» Mais supposons que celui qui possède ne résiste pas, qu'il se résigne devant la nécessité et la force ; qu'arrivera-t-il ? Qui organisera ce partage des terres, et comment cette division se fera-t-elle ? Sur quelles bases établira-t-on la division ? Donnera-t-on à chacun la même quantité de terre, sans tenir compte de la qualité ? Ainsi, celui qui sera envoyé au fond des Landes, qui n'aura qu'un sable aride pour sa part, aura-t-il une étendue de sol égale à celle du colon qui aura pour son lot les terres riches et fertiles des plaines ? Voilà une injustice, car il mourra bientôt de faim. Quel est le pouvoir qui déplacera ainsi les hommes et leur désignera leurs lots ?... Voilà des difficultés immenses ; mais il en est encore de plus grandes.

» Nous ne sommes pas tous doués de la même activité, de la même intelligence, de la même force, de la même santé. Celui-ci, en un jour, travaillera autant, et plus peut-être, que cet autre en deux jours. L'un cultivera avec intelligence, administrera avec ordre et saura économiser ; l'autre cultivera et administrera sans soin, sans intelligence, sans ordre. Il en est qui auront perdu et dissipé le soir le bien qu'on leur aura distribué le matin. Beaucoup auront bientôt aliénés leur lot. Le voisin sage et laborieux accroîtra rapidement le sien en profitant du désordre des autres. Ainsi, pendant que le bien de l'un diminuera, le bien de l'autre augmentera. Et pourquoi s'étendra-t-il ? Il s'étendra en raison des différences d'aptitude, d'intelligence et de force qui le séparent de son voisin. Ainsi, si je suis sage, actif, intelligent, je m'enrichirai rapidement, et j'absorberai le lot de ceux qui ne seront ni sages, ni laborieux, ni intelligens.

» Voilà donc les inégalités de la propriété,

qui, malgré le partage égal des terres, reparaîtront tout comme avant. Ce n'est la faute de personne ; et personne au monde ne saurait l'empêcher. Il faudrait plutôt, par une loi me défendre d'être sage, d'être laborieux, d'être ordonné, d'être robuste.

» L'inégalité reparaissant, il y aura bientôt des riches et des pauvres ; les anciennes jalousies, les anciennes plaintes, les anciennes haines ne tarderont pas à se faire entendre. Alors il faudra procéder à un nouveau partage ; et ainsi de suite, jusqu'à ce que la nature veuille bien nous créer tous égaux en force de corps et d'esprit. Jusque-là, l'inégalité sociale reparaîtra toujours sur la terre, non pas le lendemain de votre partage, mais le jour même, mais l'heure d'après.

» Si l'on veut donc décréter le partage égal de la propriété, il faut, par le même décret, abolir ce que Dieu a fait, c'est-à-dire, les inégalités naturelles qui existent entre les hommes et qui existeront jusqu'à la fin du monde.

— Car l'homme sera toujours l'homme, et la nature se moquera de vos décrets. — Osez donc décréter avec l'égalité des terres l'égalité des facultés physiques et morales. — L'une est aussi absurde que l'autre. — Osez défendre à celui-ci de devenir plus grand que moi, plus fort que moi, plus intelligent que moi. Tant que mon voisin me dominera par ses facultés, il me dominera par sa propriété; car la propriété est le produit, le prolongement des facultés de l'homme. Avant d'avoir lancé ce décret contre la nature humaine, ne nous parlez donc pas de partage de la propriété. Sans l'égalité dans les facultés, je vous le répète, votre système n'est qu'un mensonge, qu'un appel aux passions brutales, à la débauche, à la paresse, à la haine, à la violence; ce n'est pas le salut de la société, mais son bouleversement et sa ruine dans tous les sens et à tous les degrés.

» Pour se donner un semblant d'autorité, les Socialistes invoquent aussi l'histoire. Nous qui la connaissons comme eux, peut-être mieux qu'eux, nous vous dirons la vérité sur l'histoire. Ils citent à tout moment ces fameuses lois agraires qui furent une cause d'agitation dans la république romaine. Ces lois, dont on parle beaucoup trop souvent sans les connaître, n'étaient pas alors invoquées contre le droit de propriété ; leur but n'était nullement l'expropriation du riche et le partage de ses terres entre ceux qui ne possédaient pas. Il y avait à Rome des propriétés privées et des propriétés de l'État. Le droit des premières était respecté et nullement contesté ; les secondes, qui avaient été acquises dans les guerres sur l'ennemi, étaient devenues la possession d'une classe riche, appellée patricienne. Le peuple demandait, par la voix de ses orateurs, que ces domaines, fruits de la conquête, que ces domaines que lui-même avait contribué à acquérir, cessassent d'être le privilége d'une classe, et fussent partagés également entre tous les citoyens. Nous n'avons pas à discuter la légitimité de ces réclamations, mais vous voyez qu'entre ces célèbres lois agraires dont le Socialisme veut s'armer, et le partage égal de la propriété actuelle, il y a tout un abîme. Les lois agraires ne s'attaquaient qu'au domaine public et respectaient le domaine privé ; le Socialisme, au contraire, s'attaque directement à la propriété privée, qui ne relève que de celui qui l'a acquise, et vient contester son droit.

» Je tenais à vous dire la vérité sur ces lois, afin que votre bonne foi ne fût pas surprise par ceux qui pourraient en parler devant vous.

» Si le système du partage égal des terres est le comble de l'absurde, l'autre système, qui veut que l'État seul soit propriétaire, est aussi ridicule, aussi impossible, et peut-être plus monstrueux.

» Les partisans de cette forme, qui n'est que l'application du Communisme le plus radical, s'appuient sur ce principe, que la propriété ne doit pas être le privilége exclusif de quelques-uns ; et, pour détruire ce prétendu privilége, ils ne trouvent rien de plus simple que d'abolir la propriété et de la confisquer au profit de l'État. Le remède est vraiment admirable. Un membre vous fait souffrir, la tête vous fait mal, coupez-vous ce membre, coupez-vous la tête, certainement vous n'en souffrirez plus. Voilà le système, voilà le remède. C'est ainsi que ces hommes profonds décapitent la société et prétendent la guérir. S'il y a du mal dans l'homme, s'il y a des souffrances réelles dans le corps social, est-ce une raison d'anéantir l'homme et toute une civilisation ? Si quelques-uns abusent de leur liberté, doit-on pour cela la ravir à tous ?...

» Mais, d'abord, il faut que vous sachiez bien que la propriété n'est pas le privilége exclusif d'une classe qui opprime celle qui ne possède pas ; il faut que vous sachiez bien que la propriété, loin d'être un privilége, est au contraire accessible à tous, et qu'elle appelle chaque jour de nouveaux venus à jouir de ses bienfaits et à partager ses charges : car, si elle est un bienfait, elle est aussi une charge [1].

» Voulez-vous savoir quelle est donc cette classe que l'on voue à l'exécration du peuple, et qui a le privilége de la propriété ? Certes, ce n'est pas celle qu'on pense.

» Permettez-moi de vous lire un fragment d'un excellent petit livre qui m'est tombé dernièrement sous la main. Les chiffres sont plus éloquens que les raisonnemens.

« Je n'estime pas à moins de 30 millions le » nombre de ceux qui, par la possession des » terres et des capitaux mobiliers et monétaires, » ont à se défendre de l'invasion des doctrines » anti-sociales qui attaquent la propriété, et » avec la propriété, la sainte institution de » la famille [2]. Parmi ces 30 millions de per- » sonnes, on évalue à 4 millions huit cent mille

---

[1] Sur les charges de la propriété, voir la note à la fin de l'ouvrage.

[2] La population de la France est de 35,500,000 habitans.

» les chefs de famille, propriétaires de fonds
» et édifices. Ce qui, en comptant quatre per-
» sonnes par feu, donne 20 millions à-peu-près
» d'individus attachés au sol ; sans parler des
» domestiques à l'année, des métayers et des
» fermiers, qui vivent de l'existence actuelle de
» la propriété, qui y ont associé leur industrie
» et leur sort, et qu'une perturbation dans sa
» constitution affecterait non moins que les
» propriétaires eux-mêmes [1].

[1] Il nous manque une statistique complète et défini-
tive ; aussi nous croyons devoir citer encore ici l'o-
pinion d'un écrivain consciencieux et très-versé dans
ces questions d'économie.

« Les propriétés foncières de la France, dit-il,
» comptées par propriétaire, dans chaque commune,
» forment un total de *onze millions*. Tel serait le
» nombre des possesseurs de biens fonciers, si beau-
» coup d'entre eux n'en avaient pas dans plusieurs
» communes à la fois. Cette déduction essentielle,
» mais difficile à faire, réduit environ à *sept millions*
» le nombre des chefs de familles propriétaires de
» champs ou de maisons. Si l'on admet quatre per-

» Maintenant, que sont ces propriétaires ?
» S'imagine-t-on trouver en eux de grands te-
» nanciers, des oisifs opulens, des riches d'o-
» rigine ? Il n'y a en France que 8,000 chefs
» de famille, payant au moins 1,000 fr. de con-
» tributions ; il n'y en a que 15,000 payant
» au moins 500 fr. Au-dessous de ces cotes,
» voici le tableau qu'offrent des relevés dignes
» de foi :

67,000 chefs de famille payant. 300ᶠ
110,000 200
220,000 125
480,000 50
3,900,000 . . . . 25 et au-dessous.

» sonnes par famille, l'on trouvera *vingt-huit mil-*
» *lions* d'individus participant à la propriété foncière.
» Il ne restera, par conséquent, dans les villes et
» les campagnes, que *huit millions* d'habitans dé-
» pourvus de propriétés. Mais, parmi ces derniers,
» chaque jour augmente le nombre des possesseurs
» d'un capital, fruit légitime du travail, de l'ordre et
de la sagesse.... » (CH. DUPIN, *Bien-Être et Concorde
des classes du peuple Français.* 1848.

» D'où il suit que la plus grande partie du
» sol est entre les mains de ceux qui paient
» 200 fr. de contributions et au-dessous. Voilà
» ces riches enviés auxquels certains systèmes
» économiques parlent de faire *des saignées à*
» *forte dose* [1]. »

» — D'après ces chiffres qui se trouvent
dans ce livre, signé par un nom dont l'autorité
est immense, d'après ces calculs, quels sont,
je vous le demande, les véritables privilégiés
du sol, si ce n'est vous, habitans des campagnes, qui travaillez pour acquérir, et entre les
mains de qui la propriété nécessairement arrive?...

» Encore, si la grande propriété tendait à
absorber la petite, si elle dévorait la petite,
si elle menaçait de la faire disparaître, on aurait peut-être quelque raison de réclamer contre cet envahissement ; mais c'est le mouve-

[1] Troplong, *De la Propriété d'après le Code civil*,
ch. XXXIV. — 1848.

ment inverse qui s'opère , et qui s'opère régulièrement , sans secousses , sans violences. C'est la petite propriété qui tend à dissoudre la grande. — C'est ici le faible qui dévore le fort. — Le nombre de ces *huit mille* propriétaires qui paient au moins *mille francs* de contributions va diminuant avec une rapidité incontestable. Cette grande propriété , si enviée , si décriée , se dissout , se démembre , et se subdivise à l'infini. — La petite propriété , au contraire , augmente journellement au détriment de la grande. Le chiffre des petits possesseurs du sol subit un tel accroissement , que , dans bien des contrées de la France , il est rare de trouver une famille qui ne possède pas.

» L'augmentation prodigieuse des côtes foncières est la meilleure preuve du morcellement de la propriété ; et ce morcellement suit une progression telle, que ce serait plutôt son excès que l'on aurait à redouter , si la nature n'était là pour le tempérer et le maintenir dans de sages limites.

» *La terre de France appartient à quinze ou vingt millions de paysans qui la cultivent* [1]. Et comment en ont-ils fait la conquête? Par un travail obstiné et continu, par les privations, par les épargnes. Leur bèche, leur charrue, voilà leurs titres de propriété.

» C'est donc à eux, c'est donc à vous que le Socialisme s'adresse! C'est votre droit qu'il vient flétrir et nier! c'est à vous qu'il veut enlever la terre! c'est vous qu'il veut chasser de la terre!... Car, qu'est-ce que ces *huit mille* contribuables décimés tous les jours par la division de la propriété, à côté de cette armée de *vingt millions* de laboureurs qui possèdent de fait et de droit cette belle terre de France!...

» Voilà, en réalité, à quoi se réduisent toutes ces déclamations contre les riches, contre les privilégiés de la terre, contre les détenteurs du sol; voilà à qui s'adressent véritablement ces menaces. C'est vingt millions des vôtres,

---

[1] Michelet. *Le Peuple.*

c'est vingt millions de cultivateurs que l'on veut du même coup rejeter *nus sur la terre nue.*

» Vous laisserez-vous ravir cette terre que Dieu vous a donnée pour prix de vos sueurs, de vos douleurs, de vos fatigues, de vos peines de toutes sortes? — La question de votre avenir, et de l'avenir de la France, est là. — Vous êtes libres de jouer vos destinées!...

» Mais supposons qu'en un jour d'aveuglement vous abdiquiez votre droit, vous vous abdiquiez vous-même; supposons que ce système qui donne tout à l'État, pour nier le droit de chacun, se réalise et puisse s'appliquer, qu'arrivera-t-il?

» Vous me demanderez, avant d'aller plus loin, ce que c'est que l'État. Ce mot est comme tous les mots mal définis, il dit trop et pas assez. L'État, c'est tout, ou rien; c'est quelqu'un, ou ce n'est personne.

» Si l'État n'est personne, c'est alors un tout imaginaire, une abstraction, une puissance idéale, indéfinie et indéfinissable. Dans ce cas, l'État n'est rien. Mais, comme l'État est évidemment quelque chose, puisque les Socialistes veulent tout confisquer à son profit, il faut entendre par l'État, les chefs de l'État.

» Ainsi, pour affranchir ceux qui ne possèdent pas des entraves de la propriété, le Socialisme efface la propriété de la terre; il la concentre dans les mains de l'État, c'est-à-dire de quelques-uns, et fonde une société où personne n'est propriétaire. De telle sorte que l'État, ou les chefs de l'État, étant propriétaires absolus des personnes et des choses, ce système n'est, en réalité, que l'exploitation la plus odieuse de l'homme par l'homme, que la forme de l'esclavage universel.

» Car, si la propriété est la forme de la liberté, elle est aussi une garantie de la liberté; elle naît de l'exercice de la liberté, et elle conserve la liberté. — C'est l'enfant devenu grand qui protège sa mère. — Ainsi, comprenez-le bien, dès que l'État voudra confisquer la pro-

priété à son profit, il faudra qu'il viole votre
liberté ; parce que, tant que vous resterez
libres, vous aurez la faculté d'atteindre la propriété. Dans tous les pays où l'État est propriétaire exclusif de la terre, en Orient par
exemple, l'homme n'est plus libre. En per-
dant le droit de propriété, l'homme a perdu la
faculté de s'élever à ce droit. La même main
qui lui a enlevé la propriété l'a dépouillé de
sa liberté.

» L'État ayant le monopole de la propriété,
aura aussi le monopole de l'industrie, du commerce, du travail, en un mot le monopole de
toutes les activités de la société, le monopole
de tous les droits et de toute les libertés. Vous
tous, qui êtes marqués au front du signe du
chrétien, du signe d'hommes libres, vous des-
cendrez au niveau de l'animal ; plus bas encore : vous ne serez plus des personnes, mais
des choses ; c'est-à-dire, qu'au lieu d'appar-
tenir corps et ame, esprit et matière, à Dieu
qui vous a tous créés, vous appartiendrez

corps et âme, esprit et matière, à l'État.

» Là, plus de famille, plus de mariage, plus de père, plus de mère, plus de fils. L'État sera maître de tout, de la famille, de l'homme, de la femme, des enfans. Les joies de la paternité seront bannies ; il n'y aura que des mâles et des femelles dont l'État surveillera et dirigera les accouplemens ; il n'y aura plus d'enfans, mais des petits que l'État enlèvera à leur mère, et dont il aura la libre disposition.

» Vous serez tous frères dans la même dégradation, dans le même abrutissement !

» Une fois que vous serez ainsi campés, parqués, numérotés, classés selon vos forces et vos appétits, assez semblables aux condamnés des bagnes, ayant perdu votre liberté, votre personne entière, vous aurez beau maudire ces hommes qui vous ont trompés et mis sous le joug, vous aurez beau frapper du pied la terre, et lever au ciel vos mains flétries ! Le ciel ne vous répondra pas, parce qu'il vous avait donné la liberté et que vous en aurez abusé pour la prostituer et la vendre ! La terre restera froide et sourde ! En vous elle ne re-connaîtra plus l'homme ! Elle vous aimait, elle s'était donnée à vous, et c'est vous qui l'au-rez abandonnée !...

» Que Dieu éloigne de vous toutes ces dou-leurs, toutes ces ignominies !...

» Ne croyez pas que j'exagère ici le mal ; je ne vous dis que la vérité. Je vous montre l'abîme qui est ouvert sous vos pieds, et que l'on vous cache.

» Mais détournons, si vous le voulez, les regards de ce sombre spectacle, de ce tableau d'où la vie s'est retirée avec la liberté, et où l'homme lui-même n'est plus qu'une ruine honteuse...

» Ces vallées fertiles, ces collines si bien cultivées, que représentent-elles, sinon le tra-vail accumulé de plusieurs générations qui se sont succédé en se léguant la même tâche et la même pensée, le travail et la propriété ? Car ces champs ne sont pas l'œuvre d'un jour, ni l'œuvre d'un siècle. Il y a là, enfouies sous ces terres fécondes, les sueurs de plusieurs siècles travaillant avec la même pensée au front. C'est le sentiment du devoir, c'est-à-dire le travail ; c'est le sentiment du droit, c'est-à-dire la propriété, qui ont créé toutes ces merveilles de fécondation et de production.

» Si l'on supprime, si l'on anéantit le droit de propriété, et avec lui la famille, ces champs deviendront des déserts, les buissons croîtront là où verdit la vigne, et l'herbe là où pousse le blé : car, du moment qu'on vous dépouille du droit, on vous dégage du devoir. Vous ne travaillez que parce que vous avez une pensée d'avenir, que parce que vous songez à vous ou à votre famille ; si on vous défend cette pensée, pour qui et pourquoi travaillerez-vous ? Quelle puissance au monde pourra vous faire creuser la terre si vous ne le voulez pas ? Et quel est l'homme qui usera sa vie dans un travail stérile, s'il n'a au fond de l'âme le double sentiment du devoir et du droit ?

» Vous travaillerez trente ans avec le même courage et la même ardeur, parce que vous avez la conviction que le fruit de ces longues peines sera à vous, que vous jouirez un jour, vous ou vos enfans, de ce sol que vous labourez, et que la possession de la terre ne vous sera pas interdite. Mais si, en vertu d'un décret injuste et immoral, on vous arrache la libre propriété de la terre, s'il vous est à tout jamais défendu de dire à vos enfans : « Ce champ est à moi et sera à vous ; » si l'on vous dépouille du droit de posséder et de transmettre, que ferez-vous alors, je vous le demande?... Vous ne travaillerez pas, et vous aurez raison : ou, si vous travaillez, ce sera sans goût, sans passion, sans pensée ; vous travaillerez le moins possible ; vous travaillerez comme votre bœuf sous l'aiguillon, comme votre cheval sous le fouet.

» Maintenant, savez-vous quelle est la fortune de la France, ce pays le plus riche de l'Europe? Les revenus de tout genre, de toute nature, terre, travail, commerce, capitaux, présentent un produit total annuel de *dix milliards de francs* [1].

» Ce revenu, partagé également entre tous les citoyens, donnerait, à-peu-près, pour chacun, 281 francs par an ; — 77 centimes par jour.

» Si l'État avait accaparé le monopole de la propriété, du travail, des capitaux, de l'industrie, etc., etc., vous l'auriez cru bien riche ; et vous vous seriez vous-même, peut-être, cru bien riches si l'on vous avait promis de partager également entre vous tous le produit annuel du revenu de la France?... Dans ce partage, et pour prix de tout votre travail, car sans travail il n'y aurait pas de revenus, dans ce partage donc, l'État ne pourrait vous donner par jour que 77 centimes.

» Vous trouvez que ce n'est pas assez ; je

---

[1] Nous avons pris le chiffre le plus fort ; des calculs ne l'élèvent qu'à 8 milliards.

vais vous prouver que c'est beaucoup trop , et qu'il ne peut même pas vous donner autant.

» Car l'État a des charges , et l'impôt lui est nécessaire pour subvenir à sa dépense annuelle , qui se monte à la modeste somme de *quinze à dix-huit cents millions.*

» En établissant une moyenne de 42 francs 30 centimes par an, que chacun devra à l'État pour ses charges, ce qui fait 11 centimes ½ par tête et par jour qu'il faudra percevoir sur les 77 centimes, il ne vous restera plus, en échange de votre travail , que 65 centimes ½ par tête et par jour.

» C'est peu, mais c'est encore trop : car, dès que l'on aura décrété l'abolition de la propriété , sa confiscation au profit de l'État, l'égalité de la richesse et par conséquent des salaires, le chiffre du revenu annuel de la France subira une baisse subite et considérable. L'individu ne travaillant plus ni pour lui ni pour sa famille, il travaillera peu et mal. N'ayant pas d'avenir devant lui, n'ayant plus l'espoir de s'élever à une position meilleure, il se fatiguera le moins possible, certain d'avoir chaque jour sa pitance et ses centimes. Cette baisse du travail et du revenu sera inévitable.

» Vous me direz : l'abeille et la fourmi, qui vivent en communauté, travaillent pour la communauté avec autant d'ardeur que si elles vivaient dans l'isolement. Votre comparaison n'est pas juste. Les animaux ne sont pas libres; ils sont soumis à des instincts qui les dominent invinciblement, et auxquels ils obéissent. Mais l'homme n'a pas ces instincts qui le commandent; quoi qu'on fasse, on ne changera pas sa nature. Son penchant ne le porte pas naturellement au travail; et lorsqu'il travaille, il obéit à sa raison et au sentiment du devoir et de l'intérêt. L'intérêt personnel est le plus puissant stimulant du travail; détruisez-le, et l'activité cessera subitement.

» Lorsque les Socialistes auront proclamé cette égalité qui devait être si féconde en résultats, ils verront à l'instant baisser le niveau de la richesse publique. Ces 10 milliards descendront bientôt à 8, à 6, à 4, jusqu'à la ruine la plus absolue ; et le travailleur qui comptait sur ses 65 centimes $\frac{1}{2}$ sera réduit à ne toucher que 50 centimes, que 40 centimes, que 30 centimes..... Il verra tous les jours sa misère s'accroître et ses centimes diminuer. Dans cet état de choses, le plus riche sera vingt fois plus pauvre que le plus pauvre de vos travailleurs.

» Dites-moi si c'est là un système raisonnable ? Quant à moi, je ne vous engage pas à en faire l'essai.

» Ne donnez jamais ce que vous avez pour un bien que vous ne connaissez pas. Gardez votre liberté, gardez votre propriété, gardez votre famille, ces choses sont à vous ; bien plus, elles sont sacrées. Si vous souffrez, sachez souffrir. La douleur ne sera jamais exilée de ce monde. Il y a des souffrances partout, et il y en aura toujours. Mais rappelez-vous que le bonheur n'est pas tout entier dans la jouissance des biens de la terre.

» Vous avez une âme : c'est là qu'est le siége du bonheur. La fortune n'ajoute rien à ce bonheur de l'âme; au contraire, elle le trouble, elle le ternit souvent. La richesse apporte avec elle un lourd bagage de soucis, de douleurs, de tristesse. L'inquiétude est gravée sur son front.

» Le vrai bonheur est dans la conscience de l'homme : c'est là qu'est son trésor, ce trésor qu'il emporte en tous lieux, et que nul ne peut lui voler.

» Mes amis, je vous le dis, il y a plus de bonheur ici, dans ce coin inconnu du monde, sous ces toits de chaume, dans ces maisons de terre, que dans ces grandes villes, pleines de bruit, de mouvement, et dont l'éclat vous éblouit et vous attire. Non ! ne désertez jamais vos champs ! vivez, travaillez, mourez là où vos pères ont vécu et travaillé, là où vos pères sont morts ! C'est là que vous trouverez ces sources fraîches et pures du véritable bonheur, ces sources humbles et cachées que le monde en général ignore, et que le vice a trop souvent tari au sein des villes.

» N'écoutez pas ces paroles menteuses qui vous parlent d'un bien-être matériel et parfait ; elles ne vous le donneront jamais : car la société ne peut vous donner que ce qu'elle a, et chaque jour, ce qu'elle a, elle vous le donne. Elle ne refuse la vie à personne, elle ne refuse la propriété à personne ; mais elle ne la donne qu'à la condition du travail, qu'à la condition de la sagesse et de l'économie. — Ce que la société ne peut donner, c'est le bonheur parfait, parce que, vous le savez comme moi, la perfection n'est pas de ce monde.

» C'est donc maintenant pour nous tous le temps du travail. Travail de l'esprit, travail du corps ; tous travaillent. Le travail, c'est le principe de vie dans la société. Si le travail s'arrêtait, la vie se retirerait de la terre.

» Mais le travail a ses douceurs, le travail a ses heures de joie. Vous n'êtes pas condamnés à courber éternellement votre front vers la terre. Sur le milieu du jour et de vos fatigues, quand vous entendez votre cloche lancer ses volées au vent, vous relevez la tête ; c'est la voix de Dieu qui vous appelle et qui vous parle de cette patrie future, le terme de tous vos labeurs.

» Attachez-vous donc à ce clocher qui a vu les pères de vos pères, à ce clocher du village qui résume toute votre existence, et qui représente pour vous, Dieu, la famille, la propriété.

» Avez-vous jamais songé à ce qu'il y a de vrai bonheur et de douce joie dans cette vie calme et sereine qui est la vôtre ?...

» Le soir, lorsqu'après les fatigues du jour, vous vous asseyez au coin de votre foyer, ou sur le seuil de votre demeure, votre famille vous entoure, vos enfans jouent à vos pieds, votre chien vous caresse ; et vous, avec la conscience d'un devoir accompli, vous souriez à cette joie, à ces ivresses pures de la famille, et vous sentez quelque chose descendre dans votre âme. Votre cœur se dilate et s'ouvre à toutes ces tendresses, à toutes ces douceurs que le ciel vous envoie, et dont le charme est toujours nouveau, toujours infini... Voilà le vrai bonheur, voilà la vraie joie, la joie de l'âme !

» Ce bonheur-là, le Socialisme vous le ravit. Avec lui, plus de religion, plus de famille. Il vous dépouille, non-seulement de votre propriété, mais de votre Dieu, mais de votre âme. Avant de bouleverser vos champs, avant de démolir vos chaumières, il démolira vos clochers : car le clocher, c'est la pensée religieuse toujours veillant au sein des campagnes, toujours s'élevant vers Dieu, toujours protégeant le droit.

» Comme toute société repose sur trois bases, la religion, la propriété, la famille, et que si l'on veut détruire une de ces bases il faut détruire les deux autres en commençant par la première, le Socialisme est forcé de s'attaquer à Dieu et d'anéantir la religion : car, tant que la religion régnera sur la terre, la famille et la propriété existeront. Si vous l'effacez de la société, si vous chassez Dieu du monde, vous en effacez et vous en chassez en même temps la propriété et la famille. Ces trois principes générateurs, ces trois pierres sur lesquelles la société est bâtie, ne peuvent se séparer ni se diviser.

» A votre trépied, si vous enlevez une jambe, il tombera nécessairement. Il en est de même de la société; il lui faut ces trois bases fondamentales.

» Les Socialistes l'ont compris : c'est pour cela qu'ils ont jeté leurs blasphèmes contre Dieu et contre la religion.

» Ecoutez; je cite des textes :

» Dieu, c'est sottise et lâcheté! Dieu, c'est
» hypocrisie et mensonge! c'est tyrannie et
» misère! *Dieu, c'est le mal!* Esprit menteur,
» ton règne est fini... Dieu, retire-toi!... car,
» dès aujourd'hui, guéri de ta crainte et de-

» venu sage, je jure, la main étendue vers le
» ciel, que tu n'es que le bourreau de ma rai-
» son, le spectre de ma conscience.

» *La conclusion de la science sociale est celle-*
» *ci : Il n'y a pour l'homme qu'un seul devoir,*
» *qu'une seule religion, c'est de renier Dieu.*
» Hoc est primum et maximum mandatum [1]. »

» Vous voyez que je n'exagère rien, et que
l'on ne peut pousser plus loin le cynisme du
blasphème.

» Ainsi, le premier et le plus grand devoir
du Socialisme est de renier Dieu ; parce que,
dès qu'on a osé dire : *Dieu, c'est le mal*, il
n'est pas difficile de dire ensuite, et c'est une
conséquence naturelle : *La propriété, c'est le
vol ; la famille, c'est la prostitution.*

» Donc, il faut adorer le *mal* et détester le
bien ; donc, il faut aimer l'erreur, l'injustice,
le laid, la folie, le vice, le crime, et haïr la
vérité, la justice, le beau, la raison, la sa—

---

[1] Proudhon.

gesse, la vertu. Il faut tout penser, tout voir, tout faire à rebours.

» Mes amis, voilà où mène le Socialisme ; et pour être dignes de cette nouvelle doctrine, allons de ce pas démolir notre église, brûler nos maisons, ouvrir les portes des prisons et des bagnes, et nous mettre à la place des prisonniers et des forçats : car c'est nous, mes amis, qui sommes les voleurs !...

» Lorsque j'ai commencé à vous parler du Socialisme, vous étiez loin de vous attendre à cette conclusion ; et cependant elle est très-naturelle.

» Ainsi, tous les devoirs du Socialisme se réduisent à ces trois termes : Mépris de Dieu, — mépris de la propriété, — mépris de la famille. — Voilà tout le code socialiste contenu dans ces trois formules négatives.

» Du reste, par qui et pour qui ces droits nouveaux, ces formes absurdes et impossibles,

ces moyens violens et injustes, sont-ils de-
mandés? Ce n'est pas au nom de ces travailleurs intelligens et laborieux, de ce peuple sage
et patient des campagnes, qui n'aime pas les
agitations de la politique, qui n'a rien à ga-
gner aux révolutions, mais beaucoup à perdre,
qui les subit avec résignation, et qui ne les fait
pas. Ce n'est pas pour vous, mes amis, croyez-
le bien, que l'on demande ces choses ; ce n'est
pas vous non plus qui les demanderez : car
vous avez besoin d'ordre, de repos et de paix ;
car il vous faut de la sécurité, de la stabilité ;
car vous vivez surtout de confiance dans une
autorité sage, forte et durable, qui vous ga-
rantit vos droits aujourd'hui, demain et toujours ; car vous ne recueillez pas de suite le
fruit de vos sueurs. La semence que vous con-
fiez en automne à la terre, vous n'en mois-
sonnez les gerbes qu'au milieu de l'été. Il faut
donc que vous semiez avec confiance ; il faut
que vous soyez bien persuadés qu'un autre ne
viendra pas, au nom de je ne sais quel droit

nouveau créé par le Socialisme, cueillir ces moissons fécondées par votre travail, par vos privations et vos peines. Vous vivez de confiance et d'espérance, et les révolutions altèrent et détruisent toujours la confiance et l'espérance. — Si vous ne devez pas recueillir, pourquoi semer? — Ensuite, vous ne travaillez pas uniquement pour vous : plusieurs d'entre vous ont des enfans, des familles nombreuses; et lorsqu'ils creusent le sillon, ils pensent à leur famille, à leurs enfans. Ils font bien : lorsque l'homme a des enfans, son premier devoir est de travailler pour eux, afin de leur assurer, s'il est possible, une existence honnête et heureuse. Pourquoi fonder une famille, si vos enfans ne doivent plus être à vous, si vous ne pouvez leur transmettre le petit bien que vous avez acheté avec le produit de sages économies?... Non, ce n'est pas vous qui demanderez l'application de ces moyens qui bouleverseraient la société et anéantiraient les droits les plus saints, les plus justes.

» Tout désordre social se ressent doulou-loureusement dans les campagnes par la sus-pension du travail, l'avilissement du prix des denrées et un rédoublement de misère. — Lorsque le blé est à vil prix, le peuple meurt de faim ! — Plus que personne vous avez be-soin de sécurité et de conservation. C'est pour cela que ce n'est pas en votre nom que l'on demande le *droit au travail, l'organisation du travail, le partage des terres :* car, sous ces mots séduisans, il y a le désordre, la destruc-tion et la misère ; car, sous ces mots, il y a la guerre civile, c'est-à-dire, vos maisons brû-lées, vos moissons détruites, vos champs dé-vastés, vos familles en fuite, la désolation, la douleur, l'épouvante !

» O mes amis, ne jouez pas avec la vie, avec la mort ! Respectez ce que Dieu a donné aux autres, si vous voulez que les autres respec-tent ce que Dieu vous a déjà donné et ce qu'il donnera dans l'avenir à vos familles. Il faut reconnaître qu'il a bien fait ce qu'il a fait.

» Méfiez-vous donc de ces doctrines perverses qui semblent parler à vos intérêts, et qui, en
réalité, ne soulèvent que vos passions et vous
poussent à votre ruine. Méfiez-vous de ces hommes qui vous tendent la main, se disant les amis
du peuple, les amis du pauvre. Il n'y a d'autre
ami du peuple, il n'y a d'autre ami du pauvre
que celui qui fait le bien et qui respecte les
droits d'autrui. Méfiez-vous de ces hommes qui
ont toujours dans la bouche les mots de liberté
et d'égalité; ces mots sont sur leurs lèvres, mais
non dans leur cœur. Sous ces paroles sonores
ils cachent le plus affreux des despotismes,
la domination de la force sur la misère. Méfiez-vous de ces hommes qui ne vous parlent
que de vos droits, jamais de vos devoirs. Ces
hommes vous trompent; ils vous excitent contre le riche, et cependant le premier devoir du
pauvre est de respecter la propriété du riche,
comme le premier devoir du riche est de respecter la propriété du pauvre. — La propriété
du pauvre, c'est sa liberté. — Le droit n'est

qu'un mensonge lorsqu'il ne découle pas du devoir. — Rappelez-vous que Jésus-Christ, qui a créé la société moderne, n'a jamais parlé à l'homme que de ses devoirs. En effet, tous les droits sont contenus dans les devoirs. — Votre devoir fait mon droit, comme mon devoir fait votre droit. Je dois vous respecter dans l'exercice de votre liberté; voilà mon devoir, voilà aussi votre droit. Mais, à votre tour, vous devez me respecter dans ma liberté; voilà mon droit, et voilà aussi votre devoir. Si vous niez mon droit, je nie le vôtre. Si vous me dites que je n'ai pas le droit de posséder, quoique ma propriété soit la conséquence de mon travail ou de celui de mes pères, moi je vous dis que vous n'avez pas le droit de jouir du gain de votre travail, car ce gain est lui-même une propriété.

» On vous dit : S'il n'y avait pas de riches, il n'y aurait pas de pauvres. — C'est un mensonge; s'il n'y avait pas de riches dans la société, il n'y aurait que des pauvres.

» C'est Jésus-Christ qui a prononcé ces paroles formelles : IL Y AURA TOUJOURS DES PAUVRES PARMI VOUS.

» Vous devez au riche comme le riche vous doit ; et le Socialisme, qui excite celui qui ne possède pas contre celui qui possède, en étant la destruction de tous les devoirs, est en même temps la destruction de tous les droits. Dès qu'on aura touché à la propriété du riche, qui n'est que la forme extérieure de l'exercice de sa liberté, on touchera à la propriété du pauvre. Après avoir pillé le riche, si le Socialisme arrive au pauvre, s'il le fait esclave, s'il viole sa liberté, s'il l'écrase sous le mépris, s'il le dégrade par la misère, au nom de quel droit le pauvre viendra-t-il protester contre les violences qui lui seront faites?... En violant le droit d'autrui, il aura abdiqué le sien. — Toute spoliation en appelle une autre. — C'est pour cela que je vous répète de ne pas écouter ces hommes qui exaltent vos droits et qui vous poussent au mépris du droit des autres. — Je vous le dis , vous n'avez pas de droits contre mon droit. — Souvenez-vous toujours de ce précepte admirable de l'Évangile , qui est tombé de la bouche même de Jésus-Christ :

— « *La loi vous dit : Ne faites pas aux autres ce que vous ne voudriez pas qu'il vous fût fait.*

» *Et moi je vous dis : Faites aux autres ce que vous voudriez que les autres fissent pour vous.* »

» Voilà la véritable loi de justice et de fraternité, le premier et le plus grand devoir, celui qui comprend tous les autres.

» De ce que je viens de vous dire, vous devez comprendre que le Socialisme, qui, en réalité, n'est que la négation du droit, est autant l'ennemi du pauvre que du riche, et qu'il menace également la petite propriété que la grande, celui qui possède et même celui qui ne possède pas. Il ruine la grande propriété comme la petite ; car, lorsque le bûcheron a abattu les grands arbres de la forêt, il faut bien qu'il abatte les moins beaux. S'il commence par les plus gros, il finit par les plus petits. Une fois la hâche levée, tout doit tomber sous la hâche.

» Le roseau insulte le chêne que la tempête déracine, et le laisse, lui qui ploie, debout et intact ; mais le plus faible enfant qui passe l'a bientôt brisé dans ses petites mains. Le chêne, c'est le riche ; le roseau, c'est vous.

» Le riche est le rempart qui protège le faible. Dans une société, dès qu'il n'y a plus de fort, pour résister, les faibles sont à l'instant broyés comme le grain que l'on met sous la meule. Tous les grains de blé possible n'ébranleront jamais la meule ; mettez-y une pierre, et la meule s'arrêtera ou sortira de ses gonds.

» Les grandes fortunes sont comme des réservoirs, des foyers féconds et intarissables d'où découle la richesse publique et un plus grand bien-être dans les masses inférieures Ce sont comme ces grands lacs que Dieu a placés au sein des montagnes, et dont la fonction est d'alimenter les fleuves qui fertilisent vos campagnes. Tarissez ces lacs, et vous verrez bientôt le lit desséché de vos fleuves. Faites disparaître les grandes fortunes par la spoliation et le nivellement, loin d'en éprouver du bien, vous en ressentirez un redoublement de privations, de gêne et de misère. — N'enviez donc pas ceux que la Providence a placés au dessus de vous; pensez qu'à votre tour vous en avez peut-être au-dessous de vous.

» Le Socialisme dépouille, il est vrai, le riche le premier; mais l'heure d'après, il dépouille aussi impitoyablement le pauvre. En lui ravissant sa liberté, qui est son seul bien, son seul espoir, son seul moyen de lutter contre la misère, il le plonge par le fait dans un état d'abaissement moral et physique dont il ne pourra sortir, et lui ôte toute possibilité de s'élever à une position meilleure. En prenant la propriété du riche, le Socialisme ferme sur le peuple la porte de la propriété.

» Une fois cette guerre contre la propriété commencée, où s'arrêtera-t-elle? Quelles sont les limites que l'on fixera au droit de propriété? Pourquoi le droit de celui qui n'a qu'un dixième d'hectare de terre serait-il plus respectable que le droit de celui qui en a vingt hectares? Est-ce que le droit n'est pas le même pour tous, égal pour tous?... Si vous me dépouillez de mon droit parce que j'ai vingt hectares, vous qui n'en avez qu'un dixième, vous qui n'avez qu'un petit enclos, qu'un jardin, qu'un sillon, vous en aurez toujours trop vis-à-vis de celui qui n'a rien. C'est donc une guerre d'extermination générale que le Socialisme appelle sur la société; guerre en haut, guerre en bas.

» Allons plus loin : mettez en présence deux hommes qui n'ont rien que leur force, leurs bras, leur intelligence. Celui-ci est plus fort, plus intelligent que l'autre ; il aura donc trop encore vis-à-vis de son voisin qui est moins fort, moins intelligent que lui. C'est donc à Dieu, et non aux hommes, qu'il faudra s'en prendre ; car c'est lui qui les a créés inégaux en force et en esprit.

» Voilà où nous mène cette égalité sociale, que quelques esprits pervers ou égarés voudraient établir ; voilà dans quel abîme d'absurdités, d'inconséquences et de désordres, l'on est forcé de descendre, lorsqu'on ment ainsi à Dieu et aux hommes.

» Mais, mes amis, ayons confiance. Ne nous abandonnons pas, si nous ne voulons pas que Dieu nous abandonne. Si le Socialisme est à vos portes, il ne tient qu'à vous de le recevoir ou de le repousser. Vous avez en vos mains deux armes pour combattre cet ennemi de votre Dieu, de votre famille, de votre champ ; vous avez deux moyens de lutter contre ce

Judas de la liberté. Ces moyens sont : la force morale et la force légale.

» Je veux dire, le mépris, et le suffrage universel.

» Cette dernière arme surtout sera votre ruine ou votre bonheur, car elle porte avec elle la mort et la vie. Selon l'usage que vous en ferez, vous verrez monter ou baisser le niveau de son bien-être.

» Ecrivez donc sur votre drapeau :

Respect à la religion.
Respect à la propriété.
Respect à la famille.

» N'oubliez pas cette triple devise, qui contient le passé et qui contient aussi l'avenir. Ne laissez pas avilir et traîner dans la boue cette formule sacrée qui résume tous vos devoirs, et en même temps tous vos droits. Avec ce signe, marchez à la conquête de la société nouvelle, dont vous pouvez être les sauveurs.

» Mais rappelez-vous que la propriété est un droit qu'aucun décret, qu'aucune loi ne peuvent abolir, parce qu'il est au-dessus des lois humaines et antérieur à ces lois.

» Quelles révolutions que l'on fasse, le droit sera toujours le droit, le vrai sera toujours le vrai, le bien sera toujours le bien, comme la lumière sera toujours la lumière ; le mal aussi sera toujours le mal, comme la nuit sera toujours la nuit.

» L'homme ne peut pas changer la nature intime des choses. Si le gouvernement décrétait un jour que le peuple français ne reconnaît pas l'existence de Dieu, Dieu cesserait-il d'exister pour cela?...

» Il en est de même du droit ; il existe et il existera malgré les dénégations de certains hommes. — On peut le violer ; mais on ne peut l'abolir. — Quel est l'homme qui serait assez insensé pour prétendre éteindre la vie au sein de l'univers?... Le droit, c'est la vie dans l'ordre social.

4.

» Un des caractères essentiels de la vérité, est d'être immuable et de ne pas subir les modifications du temps. La vérité d'hier est la vérité d'aujourd'hui et sera la vérité de demain. L'homme passe, les siècles s'écoulent, les sociétés s'éteignent, les formes politiques changent, mais la vérité reste toujours la même dans son éternelle beauté, dans son éternelle jeunesse.

» Mais il est des époques où la vérité se voile et semble disparaître du monde.

» Sachez que nous sommes tous solidaires, que nous sommes tous responsables les uns des autres. Notre premier devoir ici-bas est de défendre le droit et de le protéger contre les violences.

» Si nous cédons le pas au désordre; si nous livrons la France au mal; si nous laissons cette nation si grande, si noble, si riche, si belle, devenir la dernière des nations; si nous tombons si bas, que l'étranger siffle sur nos ruines, ce sera notre faute à tous. Oui, ce sera votre faute à vous, peuple des campagnes ; parce que vous êtes les premiers soldats de l'ordre, du droit, de la vérité ; parce que vous tenez dans vos mains la mort et la vie. Dieu vous a laissé la liberté de choisir.

» Malheur, malheur, si vous prenez la mort ! Tous vous serez enveloppés dans le même châtiment ; ceux-ci pour avoir fait le mal, ceux-là pour l'avoir laissé faire. Le souffle de Dieu vous emportera comme cette paille aride et sèche que le vent chasse devant lui.

» Mais non ! vous choisirez la vie. Vous jetterez de côté ces doctrines menteuses qui vous disent de prendre et jamais de donner. Rappelez-vous que l'on ne s'enrichit pas en prenant le bien des autres. Si la justice humaine ne vous frappe pas, l'œil de Dieu vous poursuivra toujours, et sa main saura vous saisir et vous atteindre.

» Il faut donner pour recevoir ; il faut aimer pour être aimé. La société ne vit que par le sacrifice, que par le dévoûment de chacun

à tous. Malheur à celui qui ne donne pas !
Malheur à celui qui n'aime pas ! Ce n'est pas
un enfant des hommes ; l'humanité le renie,
et Dieu ne le connaîtra pas. — Qu'est-ce que
la vie sans le sacrifice ?...

» Peuple des campagnes, vous aimez la
France, et la France vous aime. Pour prix de
cet amour, chaque jour elle se donne à vous ;
chaque jour vous pressez sa forte mamelle. —
Creusez donc dans votre âme, et réveillez-y ce
feu que vous ne devez jamais laisser éteindre : l'amour de la patrie, cet amour qui en-
gendre le dévoûment, cet amour qui, aujour-
d'hui, peut seul sauver la France.

» Au nom de vos enfans, choisissez donc
la vie ! Rapportez à cette société vieillie une
chaleur nouvelle, une vertu nouvelle ; retrem-
pez-là dans votre jeunesse virginale, dans votre sève puissante, dans ce sentiment du bien,
du vrai, du droit, du juste, qui ne saurait
périr en vous, et qu'on n'effacera jamais de
votre âme. »

Note de la page 45.

DES CHARGES DE LA PROPRIÉTÉ.

Généralement, on ne se rend pas assez compte des charges énormes qui pèsent sur la propriété. Rien n'est moins égoïste, cependant, que la propriété. Elle donne beaucoup, elle donne toujours. C'est elle qui reçoit les contre-coups les plus directs des secousses politiques, et qui souffre de tous nos essais et de toutes nos écoles. Elle ne fait pas les révolutions, mais, en revanche, elle les paie, et toujours bien chèrement. Dans la société, elle joue le rôle d'une bonne et patiente ménagère. Elle est véritablement l'économe de l'État. La société la récompense-t-elle de l'appui généreux et inépuisable qu'elle lui prête? Que fait-on pour elle? C'est elle qui donne, et c'est elle qu'on attaque. Quelques hommes font-ils une révolution dans un coin de la capitale, l'État se trouve-t-il obéré, la propriété est là pour payer toutes les folies. On use et abuse d'elle ; puis on vient contester son droit. Il semble, cependant, que pour les continuels services qu'elle rend à la société, à l'État, elle aurait quelques raisons de réclamer au moins un plus grand respect pour ce droit, qui, après tout, ne sera bientôt qu'une douloureuse charge, qu'une amère dérision. Nous trouvons dans les *Élémens de la science financière*, par **M.** de Ripert-Monclar, ce triste tableau des charges de la propriété :

« Le revenu foncier produit annuellement 1,600,000,000 fr. (seize cents millions de francs).

» La propriété foncière est grevée d'une dette de 12,000,000,000 fr. (douze milliards de francs), — soit de 600 millions d'intérêts, et nous ne tenons pas compte de l'usure, cette lèpre qui dévore les campagnes. . . . . 600 millions

» Les contributions foncières s'élèvent à plus de 300 millions de fr. par an, ci. . . . . 300 millions

» Les impôts indirects qui frappent la propriété, greffe, timbres, hypothèques, à. . . . . 107 millions

» Les honoraires payés par la propriété aux gens de loi, à plus de. . . . 100 millions
                                                                  ———————
                                                                  1,107 millions

.. » C'est plus de 1,100 millions à défalquer de ce revenu, dont le total est de seize cents.

» Le titulaire de la propriété foncière, dont le travail et ce qu'il produit, fournissent la substance de tout le pays, obtient donc, après bien des efforts, pour toute rémunération de son travail, moins du tiers des produits.

» C'est sur ce tiers qu'ont dû être pris les 191 millions de l'impôt *extraordinaire* des 45 centimes, décrétés à l'avènement de la république. — Comptez ce qu'il a dû rester à la propriété foncière cette année? — Étonnez-vous donc du soulèvement général et des résistances qu'a fait naître et qu'a rencontrées partout, surtout dans les campagnes, cette désastreuse mesure. »

Ce tableau, qui n'exagère rien, fait connaître l'état de la propriété. — Le remède à ce mal est bien simple. — Plus on obérera la propriété, et moins elle produira. Et cependant, la population augmente chaque jour, et avec elle la consommation et les besoins de substances alimentaires. La population monte et la production baisse. Pourquoi cela? Parce que l'impôt écrase la propriété et que le capital manque à l'agriculture. L'argent qui va à l'État est enlevé au travail; et moins il y a de travail, moins il y a de produit. — Il n'y a qu'un moyen de remédier à ce mal, à ce dan-

ger qui menace le pays, et qui résulte de la dispro-
portiou entre la population et la production : c'est de
diminuer les charges qui épuisent la propriété, qui
arrètent le travail et tarissent la production; c'est
d'augmenter l'activité productive des cultivateurs et
notre richesse agricole par l'affluence des capitaux. En
un mot, voilà tout le problème : dégrever la propriété
et faire refluer les capitaux vers l'agriculture.

APPENDICE.

—

Nous croyons devoir joindre à cette brochure, pour la compléter, les deux fragmens suivans, qui se rattachent à la question qui nous occupe : le premier est extrait de l'excellent opuscule de M. Théodore Muret, *la Vérité aux Ouvriers, — aux Paysans, — aux Soldats*; le second est le discours si piquant d'intérêt et de vérité du maréchal Bugeaud à Grenoble.

LE MILLIARD DE L'INDEMNITÉ.

AUX PAYSANS.

« Les démocrates socialistes savent bien que l'impôt des 45 centimes vous pèse, avec raison, sur le cœur; ils ont donc imaginé une rubrique pour servir de compensation et les faire bien venir auprès de vous.

» Cette rubrique, c'est la *restitution* (comme ils disent) de l'indemnité des émigrés.

» D'abord, sachez bien que celui qui écrit ces lignes n'a eu aucun parent émigré, que l'indemnité ne lui a profité ni de près ni de loin : il est, dans cette question, aussi désintéressé que possible.

» Après cela, examinons les choses dans leur vérité.

» Il y avait, en France, un élément fâcheux de division, de discorde, par la position réciproque des anciens propriétaires des biens dits *nationaux* et des acquéreurs de ces mêmes biens.

» Les propriétés provenant, originairement, des confiscations de la Révolution, continuaient de subir, malgré de longues années écoulées, une dépréciation sensible. Beaucoup de gens craignaient que l'on ne revînt sur ces ventes ; d'autres se faisaient un scrupule de conscience d'acquérir de ces biens-là. Dans l'annonce d'une propriété à vendre qui n'appartenait pas à cette catégorie, on avait soin de mettre toujours : *Propriété patrimoniale.* La dépréciation des biens nationaux, comparativement aux autres propriétés, variait d'un cinquième à un dixième, selon les départemens.

» En vue de cet état de choses, fut conçue l'idée de l'indemnité, qui ne fut pas d'un milliard, mais en réalité de *six cent vingt-cinq millions.* La moitié au moins de la somme fut touchée par les créanciers des émigrés, et ces créanciers étaient, en grande partie, des marchands, des artisans, des fournisseurs de toute nature.

» Le résultat immédiat de cette loi de **1825**, en dissipant les craintes des uns, les scrupules des autres, fut d'effacer enfin une distinction malheureuse. Les anciens biens nationaux cessèrent d'être dépréciés. La propriété territoriale française bénéficia d'un chiffre supérieur à celui de l'indemnité même, qui était loin d'égaler la valeur originaire de ces biens, et à plus forte raison, leur valeur présente.

» Vous le voyez, l'indemnité profita bien moins aux émigrés qu'à leurs créanciers, aux nouveaux propriétaires des biens nationaux et à la fortune publique.

» Quand les rouges mettent en avant cette idée de

faire rendre l'indemnité, ils savent parfaitement qu'aucun pouvoir régulier, républicain comme tout autre, ne prendra une mesure qui serait la violation formelle d'un droit légal reconnu, qui jetterait de tous côtés une immense perturbation. Ils ne veulent que semer des inquiétudes, exploiter un élément d'agitation, raviver des discordes et des haines, et présenter aux gens plus avides que clairvoyans un appât menteur.

» Mais supposons un instant que cet extravagant et odieux projet fût mis en pratique : qu'arriverait-il ?

» Ce n'est point aux familles d'émigrés, mais à leurs anciens créanciers qu'il faudrait arracher la moitié au moins de la somme distribuée.

» Les familles d'émigrés seraient en droit de dire . « Puisque vous nous reprenez, après vingt-quatre » ans, ce qu'une loi nous a donné, rendez-nous nos » biens, dont l'indemité dut nous tenir lieu. »

» La malheureuse distinction effacée par la loi d'indemnité reparaîtrait tout naturellement ; les ci-devant biens nationaux seraient, de nouveau, frappés d'une dépréciation notable.

» Combien la plupart de ces immeubles ont déjà subi de ventes et de reventes! En combien de parcelles les a divisés le morcellement infini de la propriété! Combien d'entre vous qui ont un ou deux arpens de terre achetés du fruit de leurs fatigues, possèdent sans le savoir du bien d'origine nationale! Les voilà donc, sinon inquiétés dans leur possesion, du moins atteints par cette dépréciation renaissante!

» Ajoutons encore que cette affaire de l'indemnité serait un moyen, pour les rouges, d'entamer la propriété de tout le monde. Une fois cette brèche faite, on peut assurer qu'ils ne s'arrêteraient pas en si beau chemin.

» Et les rouges se moquent assez de vous pour dire qu'avec l'indemnité reprise, ils vous rembourseraient l'impôt des 45 centimes. Il est évident que pour ceux qui ont d'anciennes propriétés nationales, le remboursement qu'ils toucheraient ne serait rien près de la diminution de valeur de leur immeuble; ils recevraient, par exemple, cent sous dans leur poche gauche, et ils perdraient cent francs de leur poche droite.

» Et ensuite, soyez parfaitement certains que les rouges sont des gens qui prennent et ne rendent pas. »

DISCOURS DE M. LE MARÉCHAL BUGEAUD

A GRENOBLE.

« Citoyens,

» Votre réunion spontanée autour de moi fera de cette journée l'une des plus belles de ma vie. Je connaissais depuis longtemps l'esprit patriotique de la population de Grenoble ; votre digne maire vient de s'en faire l'interprète. J'ai bien peu de chose à ajouter à ses paroles éloquentes, qui peignent si bien vos convictions et les miennes.

» Oui, je suis profondément heureux de voir confondus ici, dans un même sentiment, un si grand nombre de citoyens appartenant à toutes les professions, depuis les plus humbles jusqu'aux plus élevées : c'est l'image de l'union fraternelle qui doit régner entre vous malgré les inégalités de la fortune ; car ces inégalités de fortune ; c'est Dieu lui-même qui les a consacrées en créant les hommes si divers en force et en intelligence ; il n'existe entre les diverses classes de la société d'autre privilége que celui-là. Tous les jours des artisans s'élèvent par leur travail et leur économie dans les rangs de la bourgeoisie, et tous les jours des bourgeois redescendent dans la classe des simples travailleurs. C'est là le mouvement social providentiel. Dieu n'a pas voulu que nous fussions tous riches à la fois, puisqu'il nous a donné des aptitudes si différentes pour acquérir la richesse.

» En vous tenant ce langage, je ne prétends pas dire que notre organisation sociale ne puisse être améliorée. Rien de parfait ne sort de la main des hommes, et ceux qui, plus heureux ou plus habiles, s'élèvent aux premiers rangs, doivent tendre la main à ceux de leurs frères qui sont restés en arrière. Multiptier les établissemens de bienfaisance ; créer et étendre les institutions de prévoyance ; travailler au bien-être matériel et à l'éducation morale des classes laborieuses, voilà, messieurs, le moyen le plus certain d'atteindre ce but d'amélioration, et non pas, à coup sûr, en prêtant l'oreille aux doctrines subversives des socialistes, qui veulent supprimer la famille et la propriété. (De toutes parts : Bravo ! bravo !)

» Vous repoussez ces idées funestes, je le vois avec bonheur. Vous ne pouvez comprendre qu'un homme qui, par trente ans de rudes travaux, a acquis un champ, une maison, soit un voleur. Vous ne comprendrez pas davantage cette fausse fraternité au nom de laquelle on voudrait vous prescrire de sacrifier votre propre famille, vos enfans, à des individus éloignés que vous ne connaissez même pas. Voilà pourtant ce que vous prêchent ces grands réformateurs qui se disent les amis exclusifs du peuple, les patriotes par excellence, et qui n'aspirent à rien moins qu'à changer les bases sur lesquelles toutes les sociétés reposent depuis que le monde existe. Autant vaudrait qu'ils vinssent vous dire : Depuis deux mille ans vous marchez sur vos pieds, eh bien ! vous étiez dans l'erreur, et nous, amis du peuple, nous venons réformer cette pratique vicieuse; vous marcherez désormais sur vos mains. (Rires et assentiment général.)

» Non, messieurs, les démagogues auront beau faire, ils ne parviendront pas à nous persuader qu'ils aient quelque chose à nous apprendre en fait de liberté et de vraie fraternité. A leur doctrine dissolvante, nous opposerons avec confiance la nôtre, qui est renfermée dans un seul mot: car l'ordre est la condition de tout progrès véritable. J'aime l'ordre avec passion; savez-vous pourquoi, messieurs? C'est parce que j'aime avec passion mon pays (oui, oui; vive le maréchal ! vive le maréchal ! bravos prolongés), parce que, moi aussi, j'ai la prétention d'aimer le peuple et de servir surtout les intérêts des classes inférieures, je n'entends pas inférieures en valeur, en mérite, en droit, je dis inférieures en fortune seulement. (Marques d'assentiment.)

» Toute ma vie s'est passée au milieu du peuple ; dans les camps, je me suis frotté constamment au peuple de l'armée, au peuple des campagnes. Vous me connaissez de vieille date. Il y a 33 ans, dix jours après la bataille de Waterloo, je défendais votre frontière contre un ennemi bien supérieur en nombre, à qui la population de Grenoble et des environs disputait plus tard l'occupation de ses fertiles vallées ; il existe entre nous une solidarité impérissable de souvenirs glorieux. Il y a sans doute parmi vous plus d'un soldat de l'armée d'Afrique ; quel est celui qui pourrait dire que tous les actes de ma vie n'ont pas eu pour mobile cet amour et ce dévoûment pour le peuple ? J'ai peu vécu dans les salons..... Ce n'est pas que je n'aime les salons : le salon est nécessaire à la chaumière comme la chaumière est nécessaire au salon ; mais les évènements publics et mes goûts personnels m'ont fait une existence toute agricole et toute miltaire.

» Ces antécédents de quarante-cinq années me donnent peut-être le droit de vous adresser quelques conseils.

» Fermez, fermez toujours l'oreille aux doctrines perfides de ces ambitieux réformateurs, qui, pour s'élever au pouvoir, ne craignent pas d'armer les diverses classes de la société les unes contre les autres. Bornez-vous à la République démocratique fondée par la constitution, et réprouvez énergiquement le cri factieux de République sociale.

» Ne formez qu'un faisceau devant l'urne électorale, afin de composer une Assemblée législative qui adopte résolument la devise que votre premier magistrat vient de rappeler si à propos : l'ordre dans la liberté. Voilà l'œuvre à laquelle il faut vous dévouer, et à laquelle je me dévoue, moi aussi, corps et âme.

» Mes cheveux ont blanchi depuis l'époque où vous m'avez connu ; mais les années n'ont pas refroidi mon patriotisme ; mon cœur est encore jeune, mon bras encore vigoureux. Vous le verriez, si, contre toute attente, nous étions menacés par l'étranger, je volerais à votre frontière, je la franchirais à la tête de cette belle armée des Alpes qui partage les sentiments de son chef, et nous ne serions que votre avant-garde, car vous voudriez tous marcher à la défense de la patrie. (Oui ! oui ! nous marcherions tous !)

» S'il faut envisager avec résolution ces grandes éventualités, il ne faut pas les désirer ; il faut résister aux entraînements de la gloire en vue des maux que la guerre apporte toujours avec elle. Et d'ailleurs, pour combattre avec succès l'ennemi du dehors, il importe qu'avant tout nous ayions étouffé dans le sein de notre patrie les germes anarchiques ; alors seulement nous aurons rendu à la France cette unité de vœux et d'action qui impose le respect au dehors.

» Vous voulez la République, je la veux aussi ; tous les bons citoyens la veulent ; mais si vous voulez qu'elle dure, sachez l'arrêter sur la pente de l'exagération où les démagogues cherchent à la précipiter ; si vous voulez qu'elle dure, sachez la rendre protectrice de tous les grands intérêts sociaux, l'ordre, la propropriété, la famille. » (Oui, oui, nous la voulons ainsi. Vive le maréchal Bugeaud !) »

9 782012 994584